M. GAMBETTA

ET

LE POUVOIR PERSONNEL

— AVEC UN APERÇU DES NOUVELLES MŒURS ADMINISTRATIVES —

PAR

JEAN ROC

CITOYEN FRANÇAIS

« *Tenacem propositi virum.* »
HORACE

En république, toutes vérités
sont bonnes à dire.

PARIS

AUGUSTE GHIO, ÉDITEUR

PALAIS-ROYAL, 1, 3, 5, 7 ET 11, GALERIE D'ORLÉANS

—

1882

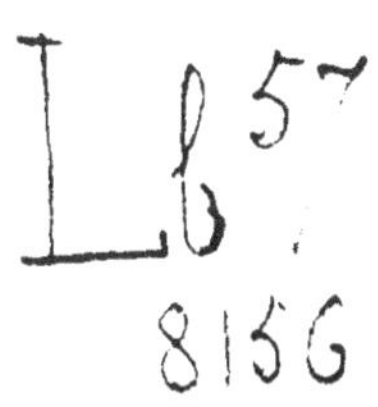

M. GAMBETTA

LE POUVOIR PERSONNEL

C'est actuellement une formule toute faite — une banalité chaque jour rééditée, à satiété répétée — que le ministère du 14 novembre, présidé par M. Gambetta, a été renversé parce que celui-ci s'apprêtait à établir à son profit la dictature sur notre démocratie française.

On vit — je ne sais qui, je ne sais où — la République et nos populations républicaines en grand péril ; aussitôt nos Brutus, élevant leur courage à la hauteur des circonstances, sans hésiter — avant même qu'il ait pu rien faire — mirent à néant ce ministère « d'où venait tout leur mal ».

Est-ce exact ?

Ouvrez les journaux. Ce thème est devenu un cliché. Gambetta et césarisme sont aujourd'hui deux mots synonymes. Il n'est pas de lieux communs, renouvelés des Grecs, des Romains et du funeste 2 Décembre, contre les despotes, que les journalistes n'aient fait sortir de leur solide encrier. — Nulle encre ne parut trop noire. — Tous les gens de littérature ont fourni leur arsenal : images académiques, vertueuses indignations, colères patriotiques. La grande poésie elle-même nous a servi par tranches des morceaux épiques.

Blagueurs et blagués, vous avez bien rempli votre rôle les uns et les autres. Dupes et compères, tudieu ! Comme vous avez su faire les innocents et comme vous avez crié ! Vous en criez encore, mais prenez garde, peut-être trop ; vous pourriez bien finir par éclairer au bout de la France ceux que vos clameurs ont troublés.

Voilà ce que vous avez dit et écrit, mais voici ce qui s'est passé.

Nous étonnerons bien des personnes en leur montrant la vérité pure et simple, qui est le contraire de ces allégations intéressées ou naïves.

M. Gambetta a été renversé non pas parce qu'il tentait d'établir, à son profit, le pouvoir personnel, mais parce qu'il voulait détruire, au profit de tous, un pouvoir personnel que beaucoup ne connaissent pas, ne soupçonnent même pas : le pouvoir personnel, usurpé par les députés d'arrondissement sur le gouvernement d'une part, de l'autre sur les populations qu'ils représentent.

En formulant sa proposition nécessaire, indispensable, du scrutin de liste, M. Gambetta ne disait rien, ne faisait rien qu'il n'eût hautement professé déjà. — *Tenacem propositi virum.*

Obligé d'accomplir de grandes choses, il devait s'affranchir de toute servitude ; il devait signifier dès le premier jour aux députés d'arrondissement d'avoir à revenir à la vérité républicaine, *sans laquelle rien n'est possible.*

Les hommes qui constituaient le ministère étaient prêts à l'action, tous fermes et indépendants.

— Prétendre que le président de ces ministres aspirait à la dictature, c'est faire de ces ministres les complices de projets liberticides. Vous avez donc oublié leurs noms ! Relisez-les et toutes ces allégations disparaissent ! Soupçons irréalisables, calomnies odieuses ! —

Ils déployaient bravement leur drapeau, au lieu de le mettre — comme on voit — dans la poche. Ils se présentaient résolus à ne s'arrêter devant aucun obstacle pour accomplir leur grand œuvre, les réalisations démocratiques.

Devant ces hommes décidés, prit peur tout ce qui de près ou de loin menace la République.

Les ennemis irréconciliables de nos institutions n'étaient pas en nombre suffisant à la Chambre pour faire une majorité et les repousser.

La réforme était prête ; les grandes conquêtes populaires à la veille de se réaliser.

L'avenir était beau !

Mais rien n'est féroce comme les intérêts des particuliers.

Mis en demeure de renoncer à la dictature qu'ils exercent dans leur village, forcés de se dépouiller de privilèges usurpés par eux, les députés d'arrondissement votèrent contre les ministres.

Il fallait n'écouter que le patriotisme, ils eurent la faiblesse humaine de n'entendre que la voix de leurs intérêts.

Ils préférèrent voter dans cette journée décisive avec leurs ennemis politiques. Ils fournirent aux adversaires acharnés de la République l'appoint qui leur manquait pour jeter à bas le gouvernement.

C'est pour sauver leur pouvoir personnel, celui qu'ils ont usurpé, qu'ils exercent tyranniquement sur les ministres et dans leur arrondissement, que les députés d'arrondissement ont renversé M. Gambetta et le ministère du 14 novembre.

Voilà la vérité.

Notre illustre concitoyen, M. Gambetta, et ses collaborateurs, avaient vu et bien vu le mal actuel dont souffre le pays. Ils savaient combien la démocratie est opprimée en cent endroits, quel est le despotisme de certains députés assez riches ou assez habiles pour s'être créé à la campagne un tel pouvoir que l'arrondissement est devenu désormais pour eux une propriété indiscutable, un vrai fief au nom duquel ils savent parler haut et fort.

Dès lors des entraves pour le gouvernement. Point d'unité d'action.

Cependant les éternels ennemis du peuple n'ont point désarmé. Impuissants aujourd'hui, mais toujours acharnés et haineux, ils font entendre partout leurs ardentes revendications et toutes armes leur sont bonnes pour donner l'assaut.

La République ne peut avoir le repos et la sécurité nécessaires à l'accomplissement de sa mission qu'à la condition de mettre à sa tête un gouvernement fort, qui affirme ses droits et les défende.

Sans général, quelle que soit son armée, une citadelle est bientôt prise, toutes portes ouvertes.

Voilà pourquoi tous ces généreux ministres, jetant sans plus de souci de leur intérêt, au vent des convoitises leurs portefeuilles, préoccupés simplement du peuple et du mandat démocratique qu'ils avaient reçu, demandaient aux députés d'arrondissement, au nom de l'intérêt de tous, de renoncer à leurs usurpations et de voter le scrutin de liste, c'est-à-dire l'unité de direction et d'action.

On les appela le ministère des *géneurs*.

Nul député d'arrondissement ne voulut être *géné* et à peine le ministère avait-il dit ce premier mot qu'il n'était déjà plus.

Vous savez tous comment bien vite fut mis à sa place par messieurs les opposants, un ministère de gens faits à leur image. Rien ne fut dit, un simple regard échangé, la consigne était comprise : échange de bons procédés. « Ministres, vous nous laisserez faire. Vous aurez des yeux et ne verrez point, des oreilles et vous n'entendrez pas. — A merveille, mais, députés, vous ne me troublerez point, jamais de question de cabinet, que pour la galerie. La vie au jour le jour. Certainement il peut arriver qu'il n'y ait plus de suite dans les idées, plus même d'idées du tout, point de programme; mais rassurez-vous, les ressources ne nous manquent pas. Nous parlerons d'études, de réflexions..., quelquefois nous ferons des réserves... Un trompe-l'œil continuel ! rien de plus aisé. L'essentiel n'est-il pas de gagner du temps et de rester en place le plus longtemps possible? »

Ce qui s'est passé depuis montre si la consigne a été observée.

Du côté du gouvernement, avec les opposants du précédent ministère, *avec tous*, échange continuel, plus ou moins visible de bons procédés.

— La citadelle sans général et toutes portes ouvertes. —

Du côté de l'Assemblée on vit ce spectacle étrange : une majorité se débarrassant par un vote d'un ministère parce que la revision présentée n'était ni assez large ni assez immédiate, se contredisant séance tenante et acclamant le lendemain, même par son vote, un ministère qui ne voulait plus de revision du tout, la renvoyant aux calendes dites grecques, aux calendes, mieux nommées depuis, ministérielles.

Que des gens habitués à juger les hommes et les choses, dont l'esprit est grand et le jugement exercé, aient commis dans leurs appréciations sur une affaire aussi grave, intéressant au plus haut point l'avenir de notre pays, une faute aussi lourde, cela peut paraître singulier, mais ce n'en est pas moins exact et l'explication est aisée.

Vous ne connaîtrez les services et l'action si courageuse du ministère du 14 novembre, vous ne vous rendrez compte des influences qui ont contribué à sa chute, qu'en étudiant la différence profonde. fondamentale existant entre l'arrondissement de Paris ou de grandes villes et l'arrondissement de très petites villes. Tout est là.

Allez vivre dans certains arrondissements de montagne

pendant quelques mois, attachez-vous à examiner de près la situation du député, quel rôle il y joue, sous quelle dépendance il s'y trouve, quelles sont surtout ses relations suivies, étroites avec les représentants du pouvoir central, c'est-à-dire avec les représentants de la France elle-même, et vous saurez ensuite la vérité *vraie*. Vous apprendrez de quel péril nous menace le despotisme dont le ministère *trouvé génant* avait entrepris de débarrasser notre pays. Vous verrez à l'œuvre — *et je vous défie de ne pas en être ému* — le pouvoir personnel du plus singulier des despotes, le despote esclave — d'un côté, oppresseur impérieux du gouvernement central dans la personne de son agent, de l'autre serviteur très humble et très obéissant d'une coterie, constituée par les quatre ou cinq individus — mettez-en six, si vous voulez — qui sont les grands électeurs du village de notre personnage, tenant sa réélection dans leur main redoutable.

Non, à Paris ou dans une grande ville, vous ne croirez jamais le quart de tout ce qui peut être dit à ce sujet. Allez-y voir, je vous attends au retour.

Nous allons donc nous attacher à bien faire comprendre les différences profondes qui distinguent les deux classes d'arrondissement que nous désignons, et nous parlerons sans détours.

Dans tout arrondissement nous avons :

1º L'élu du suffrage universel de l'arrondissement, le député, dont le mandat, ne l'oublions pas, est législatif. Il a mission de représenter son *corps* électoral. C'est à la Chambre qu'il doit agir et se faire entendre et pas ailleurs ;

2º L'agent du gouvernemeut central, qui, lui, gouvernement central, élu par les Chambres, responsable devant elles, détient la puissance publique et est la plus haute expression de la souveraineté populaire dans son admirable unité.

Ces deux personnages ont leur devoir bien tracé, leur mission nettement définie. Pas de confusion possible.

Au gouvernement, responsable de son agent, l'action avec toutes les responsabilités qu'elle entraîne.

Au député, investi du mandat législatif, le devoir de juger l'acte du gouvernement, la grande et démocratique mission de se faire hautement l'organe de ses concitoyens.

La Constitution a assigné à tous deux le lieu où ils doivent se rencontrer pour échanger en pleine lumière leurs explications devant le souverain, qui est le pays : c'est la tribune.

Tel est le mécanisme gouvernemental de notre démocratie. Tel qu'il est, son fonctionnement régulier, normal, assure la grandeur de la France et la réalisation de toutes ces grandes choses, que le peuple attend enfin, après une poursuite si longue et si douloureuse à travers tant de siècles !

Que les députés soient fidèles à leur mandat, aussi nettement tracé et tout écart est impossible.

Que l'on y réfléchisse, avec un tel mécanisme, les abus, les mécomptes, les reculades, les trahisons ne peuvent venir que du député. C'est lui qui par son vote fait et défait le gouvernement, c'est lui qui est responsable devant le pays et l'avenir.

Si le député sait se maintenir à la *hauteur* de sa mission, la plus *haute* de toutes, s'il se sent soulevé par le souffle populaire, qui l'a porté où il se trouve, si, fils de la Révolution, il sait « s'inspirer de ces bourgeois, de ces enfants du peuple,
» qui furent les membres de la Convention, aimant la liberté
» jusqu'à mourir pour elle, mais devenant de véritables
» hommes d'Etat et fondant l'unité de la France, en exter-
» minant la coalition à l'intérieur comme au dehors (1). »
quel ministère coupable ou simplement dépourvu de toute idée de toute valeur est possible !

---

(1) Journal la *Réforme*, 20 mai.

Entendez-vous encore Isnard, disant à ses collègues de l'Assemblée législative, le 29 novembre 1791 :

« ..... Il faut que la conduite du Français réponde à sa » nouvelle destinée.....

« Parlez au ministre..... le langage qui convient aux » représentants de la France..... »

C'est à la tribune que les ministres doivent venir répondre à ces interrogations patriotiques, qu'ils doivent porter leurs actes, et, sur leurs déclarations, ils seront applaudis ou disparaîtront.

Supposez, au contraire, le député au-dessous ou en dehors de sa tâche.

Admettez un instant qu'il ait ou qu'on lui impose le souci d'autres mandats que de son mandat législatif, qu'au lieu de représenter seulement les intérêts généraux de *son corps électoral*, il se préoccupe encore de faire valoir les intérêts privés de *tels ou tels de ses électeurs*. Admettez qu'il ne soit député que par suite d'engagements inavoués, mais indiscutables, qu'il ne soit pas émancipé, libre de ses actes et de ses votes, tout entier aux grandes questions générales et locales, qui seules ont le droit de l'absorber.

Soit que ce député, inhabile à remplir sa mission à la tribune, cherche à établir sa réélection sur le grand nombre de services rendus à des particuliers, dont il entrave ainsi la liberté de vote par la reconnaissance ;

Soit que trop habile — ailleurs qu'à la tribune — il fasse les affaires d'une coterie, ou les siennes, ou les unes et les autres tout ensemble.

Alors seulement apparaît, se constitue — peu à peu, mais sûrement — le gouvernement vraiment césarien, corrompu et corrupteur, celui qui, *sous des apparences trompeuses, fait ce qu'il veut et ce qu'il entend, ayant, grâce à sa complaisance, la libre disposition des votes des députés quémandeurs.*

Du jour où le député sollicite, il tombe sous la dépendance du ministre qui accorde.

Comment irait-il à la tribune demander au ministre un compte sévère de ses actes, à la face du pays, lui qui a obtenu de ce même ministre de servir ses intérêts privés ?

Ce sera bien pis si, au lieu de solliciter auprès du pouvoir, il lui commande impérieusement ou obséquieusement et fait, pour arriver à ses fins, miroiter aux yeux du ministre son vote prochain. Alors les gens les plus complaisants, les plus détachés des intérêts généraux et les plus attachés à leur bien privé, les plus désireux d'un portefeuille seront et resteront ministres.

Dans tous ces cas, ce ne sera plus à la tribune que seront traitées les affaires, tout se passera derrière la porte, dans des colloques inavoués, inavouables et jamais n'apparaîtra la question de cabinet hardiment posée et résolue.

Vous le voyez, l'indépendance du gouvernement vis-à-vis des députés est une vérité, une nécessité de premier ordre, une question vitale pour la démocratie.

L'intérêt du pays veut que gouvernement et député soient chacun à leur mission, libres, indépendants les uns des autres. Ils ne doivent se rencontrer qu'au grand jour de la tribune, à la face du pays, ou bien il y a péril pour le peuple.

Ceci posé, examinons maintenant la situation du député et du gouvernement dans les deux classes d'arrondissement que notre sujet nous oblige de distinguer.

Que désire le député ? Justifier, rendre plus grande, s'il est possible, la confiance dont *ses* électeurs l'ont honoré, en un mot être réélu.

A Paris et dans les grandes villes, le nombre des électeurs *agissant*, prenant part effectivement, activement aux luttes électorales, est considérable. Grâce à eux, grâce au concours efficace, précieux des grands journaux, aux luttes ardentes des réunions publiques, se créent de grands courants d'opinion. Le mandat législatif prend de larges proportions. Les questions du jour sont tour à tour examinées, définies. Les intérêts généraux sont seuls en jeu. Quel intérêt privé oserait se montrer à une aussi pleine lumière ?

L'élu, une fois désigné, n'a plus qu'à remplir son mandat. Sa réélection ne sera discutée, ne sera possible qu'à cette condition expresse.

Des intérêts privés, il n'en est point question. Le député de cet arrondissement n'a de relations avec les agents du pouvoir central qu'à propos des questions générales. *Son mandat est et reste législatif.*

Si, d'ailleurs, il voulait par erreur s'ingérer de questions d'ordre privé, les agents du ministère étant, à Paris, les ministres eux-mêmes, ceux-ci, libres de leur action par suite de leur responsabilité devant les Chambres, ont tout pouvoir pour s'y opposer. A Paris, le gouvernement a pleine liberté pour agir *selon sa valeur.*

Dans les grandes villes, la haute situation hiérarchique des préfets leur assure encore l'indépendance nécessaire vis-à-vis des élus de l'arrondissement.

C'est bien autre chose dans les très petites villes ! Là, comme dans les villes, les électeurs veulent la République, voilà le fait — fait indiscutable, que connaissent tous ceux qui se sont mêlés aux paysans — ils l'ont d'ailleurs assez souvent proclamé eux-mêmes. — Mais ces électeurs n'ont ni l'habitude de la grande vie publique, ni la possibilité de la pratiquer. Ils vivent par petits groupes, séparés les uns des autres par de grandes distances. Le paysan est attaché au sol qu'il cultive, l'ouvrier à son établi de village ; il ne leur est pas possible, la journée faite, de se réunir en grand nombre. Le vote de ces électeurs est acquis à qui leur parlera du gouvernement de leur choix.

Vous ne trouverez dans les très petites villes ou dans les montagnes que quatre à cinq personnes prenant ce soin, parce qu'elles ont souci de quelque intérêt. Ici, ce seront de grands propriétaires, mêlant à la politique des considérations particulières à la localité, parlant aux gens des campagnes de routes, de chemins de fer. Ailleurs, ce sont des notables, épris simplement du bien public. Ailleurs, des habiles, ayant du temps à perdre et une fortune à gagner, une situation à conquérir. Ces derniers sont les plus tenaces, les plus actifs, ils ne reculent devant aucune fatigue, devant aucune promesse. Ils ne dédaignent rien pour leur propagande. Le besoin les rend ingénieux, *duris urgens in rebus egestas*, et la nécessité de réussir à bref délai leur enlève tout scrupule. Leurs propos, murmurés après boire, affectent les allures mystérieuses de confidences, d'épanchements amicaux et n'en sont que plus facilement acceptés et plus dangereux. D'ailleurs l'impunité est assurée et le démenti impossible ; cela se passe dans des hameaux perdus, entre paysans timorés et séparés du reste du monde, ne lisant pas et ne voyant personne. Il ne manque à ces tristes personnages, pour devenir légendaires, que d'être connus.

C'est par un groupe d'électeurs aussi restreint que le candidat est choisi, présenté aux populations comme leur homme, l'homme de la République. Des réunions sont arrangées. La grande peur est que personne n'y vienne — pour le trompe-l'œil, car, pour l'élection, elle n'est pas douteuse. On choisit un dimanche. — A grand peine on attire le paysan. Tout a été prévu. L'électeur méfiant, malin, écoute, ne dit mot. Seuls, les comparses remplissent le programme préparé.

Le jour de l'élection arrive. Le paysan n'a pas mieux sous la main ; il vote. Le candidat devient député, le député l'homme-lige de la coterie. Malheur à lui s'il ne marche pas ou s'il bronche ! Les familles des quatre à cinq grands électeurs sont, à l'heure qu'il est, familles régnantes. Il ferait beau voir que désormais n'importe quoi fût fait dans l'arrondissement par n'importe qui sans leur intervention !

D'un autre côté, dans cet arrondissement de très petite ville, le gouvernement n'a d'autre organe qu'un sous-préfet, et, dans l'arrondissement, chef-lieu du département, un préfet.

Le député veut être réélu, préfet et sous-préfet désirent être promus.

Le préfet ou sous-préfet, ayant l'action du gouvernement à l'arrondissement, le député, obligé de satisfaire à toutes occasions l'omnipotente coterie, dont il est la créature ou l'auteur, a pour objectif unique de prendre, en vue de sa réélection, de gré ou de force cette action à son profit, de faire du préfet et sous-préfet les exécuteurs de ses volontés, les serviteurs de ses exigences.

Presque toujours cette domination s'exerce sans tiraillements ni froissements. Rien n'y paraît. Préfet ou sous-préfet est docile et s'exécute de plein gré.

La coterie a des allures tyranniques, des appétits insatiables, qu'importe ? La toute-puissance du député n'en apparaîtra que plus clairement ; sa réélection n'en sera que plus certaine.

D'ailleurs le député, presque toujours, a pris soin de s'assurer d'avance le concours du préfet. Pendant son séjour à la capitale, il a bien d'autres soucis que ses collègues de Paris, sa situation lui fait une telle nécessité d'avoir à son arrondissement un préfet bien souple, bien obéissant qu'il consacre tout ce qu'il a d'habileté, de crédit, de séductions à obtenir du ministre un préfet nommé à sa seule recommandation ou désignation.

Ainsi, suivant un cercle le plus vicieux du monde, pour le plus grand dommage du peuple, la réélection du député est intimement liée aux grâces, faveurs accordées par le préfet, dépend des nominations faites, des décisions prises par le préfet, qui sait très bien, lui préfet, que, par suite de la complicité des ministres, son avancement ou sa disgrâce sont à la merci de ce même député.

Qu'en résulte-t-il ? C'est que le préfet est un personnage, condamné par les terribles maîtres qui le dominent dans les petites localités à pratiquer une telle prudence, qu'il mérite plus que tous serpents d'être désormais le vrai symbole de cette vertu. Entre les intérêts, quelquefois contraires des députés de son département et des hommes qui ont fait les députés, comment faire ? La sagesse des nations dit fort bien de s'abstenir dans le doute, mais l'abstention n'est pas appréciée par des gens aussi impérieux que pressés de faire agir leur homme de paille. Aussi le préfet en vient à éviter tout le monde. L'un est toujours en voyage : nécessités administratives. L'autre reste obstinément renfermé dans son cabinet officiel ; il s'y livre à des méditations si graves, si graves qu'à peine il peut recevoir de loin en loin quelques-uns de ses administrés — ceux que la nature a doués d'une patience et d'une persévérance à toute épreuve. De fait, ses occupations ne sont pas sans importance..... pour lui. Il attend impatiemment ses journaux de Paris et peu lui importe que le charbon dévore toutes les bêtes à cornes de la contrée, s'il est occupé à faire partir ses lettres par le premier courrier, le jour où il a vu dans ses dépêches ces mots fatidiques : un mouvement est en préparation au ministère de l'intérieur.

Un troisième préfet est tellement pénétré de la consigne de ne rien faire qu'il s'oublie jusqu'à dire à son sous-préfet, lui étalant divers dossiers : « Laissez tout cela, vous ne voulez pas vous faire nommer député dans cet arrondissement, que diable ! »

Bien plus extraordinaire, le préfet suivant.

Il se faisait entretenir dans un département, voisin du sien, à proximité de son chef lieu, un appartement où il se tenait en villégiature par toutes saisons.

Ses subalternes, pressés par des affaires par trop impérieuses, se trouvèrent dans l'obligation de lui écrire pour solliciter des audiences, et virent cet expédient même rester sans succès. Il osa répondre pour remettre à plus tard, plus tard.

Lettre précieuse qui sera encadrée à côté d'autres papiers non moins curieux, non moins significatifs, pour un musée spécial.

Lorsqu'enfin l'employé finit par le joindre dans un des courts séjours journaliers qu'il faisait à sa préfecture, cet homme si dévoué fut ahuri de voir son chef accueillir l'exposé de ses diverses affaires par ce mot phénoménal : « Qu'est-ce que tout cela vous fait. »

Tel autre préfet plus habile que les précédents est toujours malade. Que voulez-vous ? il est très honnête, mais il n'aime pas de se compromettre. Très malin, celui qui a pris soin dès son arrivée de se dire atteint de maladie chronique. Il n'en est pas à son premier poste celui-là, ou bien s'il débute, il a été éclairé par de nombreuses confidences. Comme l'huissier est bien dressé à prendre un air contrit devant le solliciteur désagréable ou le personnage impérieux ! « Monsieur le préfet est aujourd'hui bien souffrant ! » Si l'affaire est très délicate, M. le préfet n'a pas négligé d'apparaître à son huissier en costume de malade et de le faire sa première dupe afin d'être mieux servi par lui.

C'est que le préfet tient à sa carrière administrative et qu'il lui importe avant tout que rien ne survienne, compromettant ou entravant ses démarches pour l'avancement. Il connaît à merveille, lorsqu'il lui est impossible de se dérober, l'art d'enfermer les dossiers et de faire prendre patience aux gens qui ne veulent pas attendre. Voyez-le, comme il va au devant du solliciteur, pouvant parler haut et fort ! Il lui résume son affaire en quelques mots, étudiés pour cette audience, puis, saisissant sur sa propre table de travail le dossier préparé en évidence au milieu de beaucoup d'autres, de sa main préfectorale, il l'enferme sous clef dans le tiroir aux papiers précieux, pour l'étudier encore, le mettre à point et veiller à sa prompte exécution. L'audience est finie, le solliciteur se retire reconnaissant ; voilà du temps gagné. Quelques jours encore, le changement du préfet, ce changement si sollicité, finira bien par arriver, et, après lui le déluge. Tant pis pour l'autre, le successeur.

Le sous-préfet, lui aussi, désire être promu. Il veut devenir préfet. Mais avant qu'il le soit, que de tribulations !

C'est à l'arrondissement où il est envoyé que le despotisme sévit sans frein. Nous serons donc obligé de nous étendre pour bien vous faire connaître cette situation. Nous sommes au cœur de notre sujet.

A peine nommé, le sous-préfet se présente la bouche en cœur, l'air affable, tout à tout ; il ne négligera rien pour réussir. Mais il voit d'abord son chef hiérarchique ; c'est obligatoire.

Celui-ci, au courant de la situation locale, évite de faire à son inférieur la désagréable confidence de ses compromissions ; seulement, préoccupé de se garantir, il lui dit en l'installant : « Vous vous adresserez en arrivant à messieurs un tel, un tel, un tel... ce sont eux qu'il faut voir et consulter. »

Avant même d'être rendu à son poste, voilà déjà le sous-préfet contraint de ne jamais regarder qu'avec les yeux d'autrui. Si la conscience l'emporte, si cet agent est un homme de devoir et de dévouement, se mettant de cœur à l'œuvre, transmettant fidèlement à la préfecture le résultat de ses recherches, se faisant l'organe des doléances générales, il est tout étonné de voir son chef devenir de plus en plus réservé à son égard. La coterie rit sous cape, regarde en silence ce fonctionnaire travaillant consciencieusement à sa propre ruine. Plus il est intelligent et heureux, plus il se fait aimer des populations, plus il se condamne. *La hiérarchie interdit au sous-préfet d'en appeler au ministre. C'est son préfet qui lui donne ses notes d'avancement.* Le préfet est vite secoué et menacé à propos d'un zèle aussi intempestif : « Les populations s'émancipent. — En voilà bien assez comme cela! » Aussi il n'est plus que silencieux et glacial devant son subordonné. — Ah bien oui! il n'y a pas de danger qu'il s'expose à déplaire à quelqu'un au monde, et c'est tant pis pour qui « fait arriver des histoires » !

Le préfet a donc prévenu, dès son arrivée, le nouveau sous-préfet et lui a assigné le seul entourage dans lequel il lui serait loisible de se mouvoir. Mais le député, lui, est quelquefois brutal. « Vous savez, Monsieur le sous-préfet, ici nous n'aimons pas qu'on regarde nos affaires. — Allez, venez, voyagez, faites comme votre prédécesseur, mais surtout ne vous occupez pas de nous. Que nous soyons tranquilles... Vous n'avez qu'à vous laisser et qu'à nous laisser faire. — Vous savez, ici on se f...iche pas mal d'un sous-préfet. — Vous ne risquez rien, d'ailleurs. Le préfet est réglé. — Ce sera comme cela ou il faudra filer. » — C'est net et dépourvu d'artifice.

Pauvre petit sous-préfet, pauvre petit, très petit grand personnage, à Paris on t'a fait des pieds d'argile, au chef-lieu on te désigne les seuls endroits ou tu pourras regarder et avec certaines lunettes encore, à l'arrondissement on te lie les mains. Va maintenant, renseigne surtout exactement le gouvernement. — Sois honnête, consciencieux et travailleur !

Le pauvre diable d'ailleurs n'aura pas trop de tout son temps, des ressources de son esprit pour chercher des expédients et faire face à ses dépenses.

Il reçoit du gouvernement un traitement et un fonds d'abonnement.

Son traitement est de 4,500, 6,000 ou 7,000 fr., suivant sa classe, 3e, 2e ou 1re. Le fonds d'abonnement destiné à couvrir les dépenses de chauffage, éclairage, plumes, papiers, frais de bureaux, imprimés, etc., ne permet guère d'économiser que de 500 à 1,000 fr. Et c'est tout, absolument tout. De domestiques, point ; s'il en veut, il les paie ; or, dans une grande maison officielle, il en faut plus et de plus stylés que dans le ménage.

Que fera le malheureux, s'il est chargé de famille ? Vous n'ôterez pas de l'idée du public que, si le sous-préfet dépense, c'est le gouvernement qui paie, et on étrille ce fonctionnaire en conséquence. S'il se risque à discuter les prix ridicules qu'on lui extorque, le journal du village est là, enchanté de servir à ses abonnés un morceau croustillant. Il n'est pas jusqu'aux employés de la sous-préfecture qui n'exploitent audacieusement cette situation, et il arrive que madame la sous-préfète en soit réduite à discuter avec les aimables subalternes de son mari, le bois gaspillé, le charbon disparu, les chandelles placées dans les courants d'air, l'huile répandue sur le papier — double perte.

Ajoutez à cela les souscriptions obligatoires, les bureaux de bienfaisance, les pompiers, les tirs, les sociétés, les loteries, les fêtes locales, les deux grands dîners de revision, d'arrondissement, les déplacements et les réceptions d'usage.

Par surcroît, le sous-préfet peut avoir sur le dos un préfet très économe.

L'époque de la revision venue, le préfet vient, avec son conseiller de préfecture et son employé, établir son quartier général à la sous-préfecture, c'est pour le préfet à la fois commode et pas coûteux du tout, tout bénéfice. Un préfet a poussé l'aplomb jusqu'à dire à son subalterne en pareil accident : « Vous savez, c'est un droit. »

Plus fort que cela. Le préfet peut déléguer son sous-préfet quand les circonstances l'exigent. Le préfet économe use de ce droit, n'étant ni absent ni malade, dans les cas nécessitant de nombreuses affiches et des imprimés coûteux. Le sous-préfet, en vertu de la délégation qu'on lui inflige, est tenu de prendre les arrêtés préfectoraux et par suite de pourvoir à tous les frais de ces impressions. Pour le préfet tout bénéfice.

— C'est l'occasion de mentionner ici, en passant, le cas tout à fait exceptionnel, vraiment monumental, de ce préfet, qui, bon ménager de ses fonds d'abonnement, a supprimé toute enquête et a déclaré officiellement à ses sous-préfets, à ses commissaires, qu'ils ne devaient point en faire.

Il survient un fait très grave, tant pis pour sous-préfets et commissaires. Ou ils répondront par un rapport insignifiant mais à leurs risques et périls, ces rapports couvriront le préfet, ou ils feront l'enquête et la paieront de leur poche.

Un jour surgit une affaire délicate entre toutes, nécessitant des recherches. Il s'agissait d'une manière toute particulière des intérêts majeurs de la République et du pays ; les dépêches ministérielles étaient précises, formelles.

M. le préfet ne s'en émut pas autrement et maintint ces prescriptions. Les agents officiels ainsi paralysés, il se trouva au cours de l'affaire un amateur qui, mis au courant par les circonstances, se prit d'un beau zèle et poussa le dévouement jusqu'à payer pour le préfet. Ce fonctionnaire eut ainsi toutes les chances : les douceurs de l'économie et la surprise d'être servi malgré lui.

Qu'advint-il ? Nous serons obligé de l'indiquer d'une manière très précise dans un travail spécial, quand le permettront les graves questions en jeu.

Monsieur le directeur du personnel, vous serez pleinement instruit et justice sera faite...

Revenons à la situation du sous-préfet que notre sujet nous a conduit à étudier et à faire connaître ; sans nous étendre davantage, il nous suffira d'ajouter que nous pouvons citer tel de ces agents qui a fait plus de soixante mille francs de dettes en deux ans.

Le voilà avec tous ses tracas, le fonctionnaire qui représente à l'arrondissement le gouvernement central. Il n'aspire qu'à la délivrance et à la récompense, une préfecture.

Tel qu'il est, mettez-le en présence des puissances locales et de leur organe, le redoutable député.

Dès son arrivée celui-ci l'a prévenu et mis au pli. Si par cas il regimbe, on aura vite raison de lui. A la moindre velléité d'indépendance, tout le monde est prévenu et le clan entier en l'air — ses domestiques sont de la localité (le sous-préfet généralement n'est pas assez riche pour faire voyager avec lui une maison), tout autant de délateurs. Un sous-préfet racontait avoir découvert trop tard que le sien, lorsqu'il l'envoyait à la poste porter ses lettres privées, les vendait tantôt au chef de la coterie locale, tantôt au journal hostile. — Les employés de la sous-préfecture appartiennent au pays; ils ne sont que les instruments du député.

Avec cet entourage, que le sous-préfet agisse autrement qu'il lui est commandé !

Suivant l'expression consacrée, il n'aura plus qu'à faire ses malles. Qu'on l'oblige à changer de poste, sans augmentation de classe, pour ce fonctionnaire, s'il n'est pas riche, ce déménagement est presque la ruine.

Croyez-vous que ce soit tout, que la coterie locale se contentera de gouverner à l'ombre de ce panache emprunté, de faire les nominations, de prendre les décisions à son gré, de donner, lorsqu'il y aura lieu, aux ministres — les gardiens de l'intérêt général — sous cette signature extorquée, les renseignements et les conclusions, dictés par ses intérêts privés? Cela ne suffit pas.

Comme le sous-préfet, agent du gouvernement, a, malgré tout, certaines prérogatives, qui offusquent encore les puissants du village devant les électeurs et peuvent donner le change, il s'établit entre lui et les grands hommes de la localité, en dépit de toutes ses complaisances, de tout son bon vouloir, une guerre sourde. Il a beau se faire petit, s'excuser d'être au monde, il existe pourtant et on ne néglige aucune occasion de le mettre au second rang, de l'effacer, de bien marquer sa valeur. Il importe avant tout aux grands électeurs de bien affirmer devant les paysans leur omnipotence, leur influence bien assise, bien indiscutée afin d'empêcher d'autres influences rivales de naître et de se produire. Donc, au lieu de sauver les apparences, on les grossit outre mesure.

Peu à peu le sous-préfet tombe ostensiblement sous la dépendance du maire ou du conseiller général ou du député, celui, en un mot, qui conduit la bande et tient les autres sous la main. Ses pouvoirs sont absorbés, son importance nulle, il ne vit plus qu'opprimé.

Oh! comme les droits de la France sont bien représentés et servis à l'arrondissement!

Comme le gouvernement est bien représenté par ses agents!

La lutte du scrutin de liste et du scrutin d'arrondissement, des intérêts généraux, majeurs, nécessaires du pays et des intérêts de la localité, là, elle n'existe pas.

Les intérêts généraux disparus avec la puissance et l'indépendance de leur représentant, le sous-préfet annulé!

Les intérêts de la localité eux-mêmes disparus devant les intérêts privés du député et de sa coterie!

Le premier soin des hauts personnages de l'endroit est de se mettre habilement entre préfet, sous-préfet d'une part et les populations de l'autre, de les empêcher les uns et les autres de se voir.

Si l'agent du pouvoir central, fidèle à sa mission démocratique, veut se mettre en rapport avec les citoyens, s'éclairer, les éclairer, témoigner aux pauvres et aux humbles de la sollicitude d'un gouvernement, qui tient ses pouvoirs du peuple, il a encouru le plus grand grief qui puisse lui être reproché.

Il est condamné sans retour, et par tous les moyens possibles exécuté à bref délai.

Le gêneur ! après avoir émancipé les populations opprimées, il n'aurait plus qu'à tenir informé le gouvernement ! Ce serait le comble ! Qu'il file, et plus vite que ça. Il y a urgence, monsieur le ministre.

Oserons-nous citer tel arrondissement où tout un canton est mis et tenu par le député hors la République, parce que ce canton est rempli de ses créanciers ?

Pouvons-nous vous conduire dans ce chef-lieu, isolé au milieu des montagnes, pour vous rendre témoins, dans un des cabarets, des scènes d'ébriété du député républicain, cet incapable que les besoins d'une coterie ont poussé où il est ?

Il fait entendre à tout propos sa voix tonnante, qui jamais ne fit retentir les murs de la Chambre et déchaîne sa colère. Il accable son préfet d'épithètes immondes ; il prend corps à corps tour à tour, dans ses accès terribles, chacun des ministres, le gouvernement tout entier ; il les terrasse à coups de poing sur la table, à coups de talon sur le parquet, comme un bon prédicateur le diable qui ne s'en doute guère, devant ses auditeurs faisant cercle, écoutant silencieux, éblouis et terrifiés. De vraies scènes d'ivrognerie aussi incroyables que scrupuleusement reproduites.

A Paris, ce même homme doux et timide, sollicite humblement, très humblement même, auprès des gens qu'il insulte là-bas, devant son public. S'il traite à la capitale son alcoolisme chronique, il n'y paraît pas ; c'est à l'écart. Partout il passe sans attirer l'attention ; c'est tout au plus, si, en le cherchant, on peut le découvrir de loin en loin traversant les couloirs aussi calme qu'inaperçu.

Vous raconterons-nous l'odyssée de cet autre député, besogneux jusqu'à l'hyperbole — ce qui n'est ni un crime ni une faute — nous le savons ! — mais interrogez ceux à qui il emprunte, vous découvrirez des opprimés, qui étouffent dans des hameaux perdus leurs sourdes indignations et vous saurez que parfois le créancier est bien à plaindre — ce qui n'est pas la règle.

Il fut je ne sais quoi dans son temps, quelque chose comme fonctionnaire, je crois, et dès lors était déjà assez habile pour se faire payer son costume, il connut néanmoins les ennuis de sa situation, il apprécie aujourd'hui les avantages de celle de député.

Descendrons-nous jusqu'à des détails vraiment honteux ?

Ce sont des exceptions, direz-vous. Sans doute, mais ces exceptions ne devraient pas être possibles. Elles disparaîtraient devant des ministres indépendants et dignes.

Nous nous contenterons, par respect pour la République, de citer simplement des faits généraux.

Dans un arrondissement, le sous-préfet est tellement annulé, que toutes les affaires se traitent en dehors de lui, directement du personnage influent au préfet, du préfet au ministre. Quand le rapport ou la présentation du sous-préfet est nécessaire, on va le trouver et on le prie d'écrire sous la dictée, *séance tenante, telle lettre, parce que le préfet l'a dit et qu'il attend cette pièce par le courrier*. La solution est ensuite transmise directement. Le sous-préfet ne la connaît que dans la rue, lorsque le hasard le veut. L'interlocuteur dont la conversation a rendu ce service au sous-préfet, se retire tout réjoui d'avoir augmenté son prestige en donnant une preuve indiscutable de sa puissance, en humiliant ainsi le représentant du gouvernement, qui n'y peut rien, et malgré lui, reste penaud devant la galerie.

Dans un autre arrondissement, la consigne formelle pour le sous-préfet est de ne recevoir personne et pour ses bureaux de n'accepter aucune affaire. Tous papiers sont adressés au grand électeur, le notaire un tel ; c'est dans son cabinet que vont se faire recommander les postulants, que se discutent les tracés des routes, que sont remises les affaires apostillées, les dossiers gros et petits. Le notaire les porte *lui-même* au sous-préfet, lui dicte la formule à écrire et rapporte *lui-même* aux intéressés leur affaire avec la solution qu'il a promise.

Le sous-préfet de tel autre arrondissement est tenu de transmettre par la poste à son député, à Paris, tout ce qu'il reçoit, officiel ou non. Ce député, paresseux et nul s'il en fût à la Chambre. n'a pas trop de tout son temps pour travailler chez lui et répondre selon son cœur en temps opportun. Au sous-préfet de copier servilement et faire suivre.

Tel autre député ne travaille pas plus dans son cabinet qu'à la Chambre, mais il est parfaitement tranquille. Il a laissé dans l'arrondissement son fils adoptif, qui sait à merveille faire l'important, surveiller et mener à la baguette tout son monde.

Un autre type. Le député qui ne laisse à personne le soin de faire sentir sa domination aux fonctionnaires, celui qui aime de gérer lui-même et sur place ses affaires. Il faut que le préfet lui conserve une chambre à la préfecture, l'y reçoive quand il lui plaît de s'y rendre, disparaisse même de son cabinet officiel où s'installe Monsieur le député dans le fauteuil préfectoral, donnant ses audiences et dictant ses volontés.

Tel autre préfet, dédaigneux par ordre de son sous-préfet l'oublie complètement, ne fait écrire qu'au député. C'est le député qui est consulté et donne son avis sur toutes les nominations à faire, toutes les décisions à prendre dans son arrondissement. Quand l'affaire est par trop délicate, quand il faut échanger ces renseignements qui ne s'écrivent pas, qui ne se disent même pas, « mais qui se devinent », comme dans la chanson, M. le préfet pousse le zèle jusqu'à prendre le chemin de fer pour venir à Paris, entre deux trains, consulter... qui? Monsieur le ministre? Non. Monsieur le député.

Monsieur le ministre, lui, est bien tranquille — aussi tranquille que le sous-préfet.

Vous êtes-vous jamais demandé comment, par quelle influence secrète, des députés muets et incapables, dont la nullité ne laisse rien à désirer, sont pourtant réélus. — C'est qu'ils entendent à merveille l'art de se mettre entre les populations et le pouvoir, d'imposer des décisions et des nominations, de faire marcher sous-préfet, préfet et ministre.

Demandez donc le nom de ce député qui ne sait pas recommander une affaire dans les bureaux, sans dire au subalterne lui-même : vous ferez cela ou, à la première occasion, je vote contre.

Le subalterne a ordre d'écouter et de ne rien répondre ; il courbe la tête, la rougeur au front.

Mais le nom ? direz-vous. — Le nom ? hélas, il y en a plus d'un qui va se croire ainsi connu et dénoncé.

Oh ! les dévoués, les patriotiques ministres que ceux avec qui de pareilles choses sont possibles ! Oh ! les tristes serviteurs du bien public que ceux qui se font les serviteurs très humbles et très obéissants de députés quémandeurs et semblent avoir pour formule : tout plutôt que la question de cabinet, vraie, sérieuse.

Cette fameuse question de cabinet ! la préoccupation grave entre toutes, la préoccupation suprême, celle qui fait oublier toutes les autres ! le fantôme qui hante leur rêve, le fantôme qu'à tout propos le solliciteur, ayant de l'autorité, secoue devant eux, dont ils prennent une peur enfantine, comme les enfants du loup !

Malgré soi, quand on remue de pareilles choses, on se surprend à rêver des hommes de la Convention — ce contraste appelle les grandes Ombres.

Députés et ministres, amants passionnés de la République et de l'humanité, hommes de foi et de sacrifice qu'êtes-vous devenus ? Martyrs courageux, enthousiastes, où donc êtes-vous? Géants, qui sont ceux assis à vos places ? à qui donc avez-vous légué le grand œuvre ?

Nous voyons bien assis au banc où l'on s'appelle « les ministres » de très petits hommes, mais leurs idées ne sont point les vôtres ; nous ne savons même point s'ils ont des idées et nous nous refusons absolument à nommer œuvre, ce qu'ils nous font voir : l'émiettement dissimulé, lent, mais positif du gigantesque édifice, dont vous avez entrepris de poser les bases avec vos larges mains, dans ces rudes journées, où vous prodiguiez votre sang et vos âmes, pour l'éternelle gloire de l'humanité et le bonheur des générations futures.

Qu'adviendra-t-il maintenant de tout ce qui se passe aujourd'hui ?

L'heure est venue des angoisses patriotiques.

Avez-vous jamais, vous gouvernement central, pris votre tête à deux mains sur une carte de France et vous êtes-vous oublié à considérer longuement, attentivement, l'un après l'autre, chaque arrondissement? Avez-vous cherché quels sont les problèmes de chacun ? les visées des meneurs qui y dominent ?

Savez-vous, gouvernement central, qu'à peine vos nominations de préfets et sous-préfets parues à l'*Officiel*, des lettres sont échangées entre certains maires, apportant des renseignements sur les nouveaux promus, faisant connaître leur manière d'être, leurs tendances, donnant les moyens qui les ont soumis et fait marcher précédemment, avec petites machines de secours ?

Si les notables d'arrondissement échangent des renseignements sur vos agents, ne se font-ils jamais d'autres confidences, de ces confidences que vous auriez tout intérêt à connaître ?

Cette belle, cette admirable unité de l'administration française, garantie de notre unité nationale elle-même, cette République une et indivisible, qui a coûté tant de sang répandu et aussi tant de douleurs sans nom, qu'en ferez-vous, ministres qui vous attardez à retenir vos portefeuilles et n'avez d'autres soucis que de complaire à ceux qui en disposent par leur vote ?

La circulaire mémorable de M. Waldeck-Rousseau fut une attaque directe contre des abus devenus intolérables et menaçants. Le dévouement du ministre et son habitude du travail l'avaient bien servi — cela sert de travailler personnellement, surtout lorsqu'on est ministre — ; il avait vu juste où il convenait de frapper. Son premier coup était porté d'une main sûre, avec promptitude et décision. Il fallait voir à l'arrondissement la mine basse et l'air déconfit des tyranneaux. Quelle peur ! mes amis ! On crut que c'était fini d'eux. Mais le premier effarement passé, ils se ravisèrent et ceux que visait la patriotique circulaire se réunirent. — Le ministre ne veut plus y voir que par son préfet, à merveille, allons trouver le préfet *en corps.*

M. le préfet, voici ce que vous écrirez... sur telle question..., sur telle autre... Voici comme vous concluerez... Voici qui vous présenterez... ou entre vous et nous tous, c'est la guerre. Quoiqu'il advienne, vous nous auriez toujours tous contre vous...

Comment les préfets accueillirent-ils cette algarade, cette mise en batterie sur position nouvelle ? A chacun son secret. Au ministre Waldeck-Rousseau, le secret de tous.

Quelques jours après, le ministère portait à la tribune sa proposition de scrutin de liste. Cette fois, c'était bien la destruction définitive de toutes ces tyrannies de village ou d'arrondissement. C'était l'émancipation du corps électoral, de l'administration asservie, la sauvegarde du mandataire à tous les degrés et de tous les mandats.

Le scrutin de liste c'est l'indépendance pour tout le monde, depuis l'électeur avec ses représentants à tous les degrés jusqu'au gouvernement, et par suite c'était le contrôle pour tous.

Le scrutin d'arrondissement, c'est la dépendance pour tous, avec toutes ses conséquences, depuis l'électeur qui obtient une promesse du candidat, jusqu'au député qui poursuit la réalisation de cette promesse, jusqu'au gouvernement qui l'accorde.

Le scrutin d'arrondissement, c'est l'échange de services sur toute l'échelle et, par suite, c'est l'absence de tout contrôle, ou mieux la comédie du contrôle.

Devant cette proposition du gouvernement, d'instinct se constitua, apparut la coalition des intérêts privés. Menacés, Messieurs de l'arrondissement ne le prirent pas pour rire. Les ennemis de la République n'étaient pas en nombre suffisant pour mettre à bas un ministère patriotique, Messieurs de l'arrondissement fournirent l'appoint qui manquait.

L'histoire soulignera au passage le spectacle pitoyable de cette majorité d'aventure, émettant coup sur coup, sans plus de souci des électeurs que de sa propre dignité, les votes les plus contradictoires.

Il se rencontra des députés républicains pour repousser des ministres, organes devant le pays du groupe républicain le plus nombreux de la Chambre, groupe uniquement composé de députés républicains, et pour livrer le pouvoir, de concert avec les ennemis de la République, à un ministère, acceptant ainsi la mission d'agir au nom des intérêts les plus divers, au nom d'une majorité de coalition, c'est-à-dire d'une majorité sans programme et ne représentant personne.

Ce jour là, M. Gambetta et le pouvoir personnel se sont rencontrés face à face.

L'énergique républicain a traité sans ménagements les députés d'antichambre, obstructionnistes, encombrants et personnels. Il leur a parlé avec cette logique inflexible, cette logique terrible, dont il s'était servi pour diriger ses attaques parmi celles qui abattirent César.

Les ministres du 14 novembre sont descendus avec dignité du pouvoir, emportant avec eux l'honneur de rester les défenseurs des droits de la souveraineté populaire, des devoirs de l'exécutif envers le peuple.

D'autres les ont remplacés, plus dociles, mieux façonnés à l'obéissance, ayant pour les représentants de l'arrondissement les complaisances exigées par eux et subissant volontiers leur domination.

Si ces ministres veulent persuader à quelqu'un que c'est par conviction politique qu'ils acceptent les empiètements des mandataires du pouvoir législatif sur les **agents** de l'exécutif, ils n'ont qu'à se hâter.

Qu'ils osent traduire en loi le fait de tous les jours et qu'ils déposent sur le bureau des Chambres un projet ainsi conçu :

Article unique. — Les préfets et sous-préfets sont supprimés. Les députés, investis du mandat législatif, seront légalement à partir du jour de la promulgation de la présente loi, chacun à son arrondissement, les agents indépendants et irresponsables des ministres qui, eux, par suite de leur responsabilité devant les Chambres, resteront sous la dépendance du député, leur agent.

Monsieur le ministre, si vous ne faites pas cela, si vous reculez devant cette franche déclaration, indiquant le rôle que vous remplissez, traduisant votre gestion réelle, si, hardiment, vous ne dévoilez pas en plein jour votre marchandise, celle que vous acceptez de couvrir comme un pavillon, alors ce sera bien entendu.

C'est que vous avez conscience de ce que vous laissez faire.

C'est qu'il vous déplaît de vous en aller.

C'est qu'il ne s'agit pour vous, ministre complaisant, que

d'obtenir des votes de remerciement ou de récompense, de veiller à être maintenu, de serrer votre portefeuille de votre coude contre votre petite poitrine.

Ministre et majorité de rencontre ; complaisances pour complaisances, échange de bons procédés — casse pour séné — qu'importe le reste ?

Il sera bien entendu que votre projet de décentralisation n'est qu'une finesse nouvelle, nécessaire. Des énormités pourraient être dévoilées, heurter le sens public, il importe d'avoir à son service à l'occasion, pour s'abriter derrière, un vote de hauts personnages de localité, les auteurs ou les compères du député, les complices de ses agissements — un trompe-l'œil de plus.

Si donc on continue à nous dire que le parti républicain est partagé en deux camps : les autoritaires et les libéraux.

Nous vous dirons : qui trompe-t-on, ici ? et nous définirons vos termes.

Il sera bien compris que ceux que vous appelez *autoritaires* sont ceux qui reconnaissent, proclament et défendent l'*autorité* du bien public contre les prétentions adverses, ceux qui se dressent debout contre les exigences personnelles et repoussent les empiétements dangereux, condamnables des intérêts privés sur l'intérêt public.

Les autoritaires sont ceux qui ne craignent pas de se mettre à dos personnellement les députés qui votent, de les pousser ainsi malgré eux à exercer le mandat populaire dans toute son intégrité, *de les contraindre à être pour eux-mêmes et pour tous des juges sévères*, de les forcer à appartenir tout entiers et sans réticence aucune aux solennelles et grandes controverses à la face du souverain juge et maître, le Pays.

Les autoritaires sont ceux qui pratiquent l'abnégation pour leur personne, défenseurs ardents et passionnés de cette unité suprême de la France, aimant le peuple jusqu'à se montrer glorieusement dédaigneux du pouvoir.

Autoritaires, ceux qui sont ennemis du replâtrage ministériel, des majorités acquises dans les couloirs, pleins de déférence pour les Chambres, ne voulant l'approbation des députés qu'à la tribune, allant de gaieté de cœur — nous l'avons vu — au devant d'un échec, le provoquant même pour éclairer une situation, cherchant à descendre du pouvoir plutôt que d'accepter des compromissions.

Autoritaires ceux qui se sont montrés empressés à se dépouiller de l'autorité pour rester les gardiens et les serviteurs des autorités nécessaires, pour maintenir intacte la triple autorité, qui est comme le trépied de notre démocratie.

L'autorité du député, investi du mandat législatif;

L'autorité du gouvernement, investi du mandat exécutif;

L'autorité d'un contrôle solennel des actes de l'exécutif par le législatif.

C'est-à-dire toutes les garanties du peuple.

Ah ! Messieurs nos Ministres, vous vous décernez à vous-mêmes l'épithète de libéraux parce que vous laissez à chaque député d'arrondissement la liberté de se mouvoir à sa guise dans son arrondissement, d'y gouverner vos agents, de vous gouverner vous-mêmes, vous êtes les pires des autoritaires et vous dissimulez le plus dangereux, le plus détestable des despotismes. Nous l'avons suffisamment indiqué plus haut.

Grâce à vos procédés, Messieurs nos ministres, notre démocratie peut un jour ou l'autre donner le triste spectacle d'une grande armée, sans cohésion ni direction, livrée à toutes les entreprises de ses ennemis, et cependant s'émiettant au jour le jour par petits pelotons, conduits, chacun à l'aventure, au gré de tel ou tel meneur.

Vous appelez autoritaire, despote, César, le général qui prendrait le commandement et tiendrait unies, compactes, ces masses imposantes pour les conduire, à travers et malgré tous adversaires.

Vous oubliez que le général n'agit qu'en vertu des instructions de son ministre, lequel a reçu des ordres de son souverain et qu'à chaque instant il est tenu de rendre compte de sa conduite. Vous oubliez que la bataille perdue ou gagnée, au premier ordre, le général doit descendre de cheval et rendre ses pouvoirs et son armée, à qui les lui confia.

La démocratie est la grande armée républicaine, son général s'appelle le président du conseil.

De même que le général d'armée reçoit ses pouvoirs et ses instructions de son ministre, le président du conseil les reçoit de la majorité des chambres et les restitue quand il plaît à cette majorité.

La majorité des chambres, comme le ministre dont nous parlons, a au-dessus d'elle son souverain. Le souverain pour les Chambres, c'est le suffrage universel, c'est la nation, à qui tous pouvoirs sont remis au jour marqué par la Constitution.

Mais tant que l'armée est en marche, tant que le général a en mains des instructions formelles, le devoir lui commande de donner des ordres et de faire obéir ses capitaines. La débandade dans les rangs, l'indiscipline parmi ses hommes devant l'ennemi, c'est pour lui un crime.

Au temps de la grande Révolution, c'était tragique.

Si vous aviez parcouru les campagnes, messieurs du ministère, le lendemain du jour où vous avez pris le pouvoir, si vous aviez écouté çà et là les conversations — en simple touriste,

Si vous aviez recueilli les appréciations sévères, les réclamations, peut-être devant les protestations du sens public, auriez vous hésité ?

Personne, parmi les républicains n'a professé, ne professe la théorie de l'homme indispensable, de l'homme *providentiel,* cette théorie fausse, abominable, aussi dangereuse pour le citoyen qui en est l'objet et pour la patrie, qu'offensante pour l'humanité.

Peu donc nous importent les hommes, quels qu'ils soient ; nous n'avons souci que des capacités et des dévouements.

Mais tout le monde fut révolté en apprenant que les ouvriers réputés habiles entre les habiles, les meilleurs, peut-être, étaient écartés de l'œuvre républicaine, que la patrie leur confiait.

On est resté indigné de voir qu'à peine avait-on remis les outils à ces ouvriers dévoués et expérimentés, on les leur enlevait des mains, au moment même où ils entreprenaient l'ouvrage de tout cœur, et qu'on les mettait, aussitôt entrés, dans le cas de sortir du grand chantier de la patrie, où les appelaient leurs concitoyens.

Plus nous attendions de leurs efforts, plus nous avons été déçus.

Ce coup de surprise nous a laissés sur nos réflexions.

Depuis, voici ce qui s'est passé au grand jour, sans parler du reste.

Sous la monarchie, les ministres du roi voyaient partout des ennemis du roi et les poursuivaient à outrance.

Sous l'empire, les hommes de l'empereur avaient le même zèle pour découvrir et accabler les détracteurs du souverain.

La République, fidèle à son principe, ne pourchasse pas ses ennemis. elle attend que, la raison et le progrès faisant leur œuvre, tous viennent se réunir au peuple.

Mais de là, à voir un ministre républicain seconder dans leurs projets les ennemis de la République, les installer dans les mairies, leur livrer les communes, il y a tout au monde.

Il n'est pas permis d'être bon à ce point !

« J'ai fait une sottise, disait Ravel au Palais-Royal — et

il faisait claquer ses doigts — oh ! mais une pommée, une énorme, une colossale. »

Les pauvres diables, nos amis, la paieront cher dans les communes abandonnées.

On en est donc encore à écrire de nouveau comme Paul-Louis Courrier :

... « Réduits au désespoir par ces magistrats eux-mêmes, nos naturels appuis, opprimés au nom des lois qui doivent nous protéger.....

« Nous dépendons d'un maire, d'un garde-champêtre, qui se fâchent aisément. L'amende et la prison ne sont pas des bagatelles. »

Voilà donc, de par M. Goblet et les siens, encore des persécutions et des souffrances pour des républicains.

Rendez-nous vite des autoritaires, quels qu'ils soient.

En Monarchie, l'Etat c'est le roi, sous l'empire l'Etat c'est l'empereur, avec la République l'Etat c'est le peuple, *c'est nous.*

Nous voulons des ministres gardiens de l'autorité de cet Etat, qui est le nôtre, de *l'Etat républicain.* Nous voulons des ministres républicains, faisant tout autre chose que désarmer peu à peu le peuple et le livrer à ses ennemis.

Nous ne voulons plus de ministres républicains mettant à la main de maires réactionnaires le fouet pour battre les électeurs républicains.

Les anciens partis conservent entières leurs prétentions. Ils nourrissent la coupable et chimérique espérance, les uns de reprendre la série de leurs rois, les autres de continuer celle de leurs empereurs, absolument comme si rien ne s'était passé en France. Les uns et les autres ont des auxiliaires puissants embusqués partout, dans la société, dans la magistrature, dans la finance et dans toutes nos administrations républicaines.

Nous avons entendu récemment le propos suivant, tenu

par un chef de service, à haute voix, sur une promenade publique, à la ville même où il exerce ses fonctions. On annonçait devant lui qu'un mouvement préfectoral était encore modifié et remis : « *Cela vous étonne*, s'écria-t-il, *c'est qu'on ne trouve personne. Dame ! il y a de quoi hésiter à prendre des fonctions qui vous enverront sûrement à Cayenne.* »

D'autres ajoutent plus finement :

Et comptez-vous pour rien Dieu qui combat pour nous ?

Aussi nous voulons des ministres imbus du principe de l'autorité et de la souveraineté du peuple, pour défendre notre République.

La désarmer, pactiser avec d'intraitables ennemis, pour qui tous moyens sont bons, est une insigne folie.

Nous avons contre nous des habiles, qui savent à merveille faire travailler des aveugles.

Voulez-vous une idée bien nette des croyances que l'on entretient dans un certain monde et des chimères dont se repaissent certains esprits ? Voici un fait fantastique — aussi exact que fantastique.

La femme d'un commissaire de police a demandé *ces jours-ci* à un honorable fonctionnaire de la République à quelle époque on ramènerait aux Invalides les cendres de Napoléon III et de Napoléon IV.

Cette insanité nous a révélé d'étranges choses. Après cela, que l'on s'amuse au jeu des combles.

Tous nos fonctionnaires, du haut jusqu'en bas de l'échelle hiérarchique, semblent avoir pour mot d'ordre : s'effacer, disparaître et laisser faire.

Il importe que la nation ne voie pas son autorité niée et bafouée par ceux à qui elle se confie.

Elle délègue ses pouvoirs pour la défense de ses droits et nullement pour la satisfaction des personnes investies.

Nous voulons des ministres républicains autoritaires, parce que, tous les maires réactionnaires du ministre républicain Goblet protesteraient-ils, au nom de la liberté qui leur a été hautement abandonnée par ce même ministre, feraient-ils protester autour d'eux leurs amis et protégés, réclameraient-ils tous la monarchie ou l'empire, nous voulons la République !

Et le peuple finira par les avoir ses ministres à lui, des ministres qui seront les gardiens de sa puisssance et de sa souveraineté.

Quoiqu'on nous fasse, nous n'irons plus en arrière.

L'eau coulera suivant sa pente et le fleuve ne remontera pas en amont.

Travailleurs des campagnes et des villes, en blouse et en redingote, ouvriers et bourgeois, vous tous, roturiers, — le tiers-état d'hier devenu peuple aujourd'hui — votre heure a sonné.

Les évolutions s'accomplissent dans le monde social aussi nécessaires, aussi inflexibles, que les révolutions sidérales. Le penseur les analyse et les voit venir, comme l'astronome étudie et découvre les mouvements des corps placés dans l'espace.

Quand un astre doit apparaître à l'horizon, quelle puissance pourrait l'arrêter !

A cette heure, les temps sont révolus :

L'avènement du peuple est un fait accompli.

Le peuple veut être servi, non à rebours, mais fidèlement et au mieux de ses intérêts.

Nous comparerons volontiers la France à un immense navire, propriété indivise et indivisible de tous les Français qu'il porte à son bord, accomplissant ses pérégrinations à travers les âges.

Les passagers co-propriétaires si nombreux ont choisi des

délégués, et, leur montrant le chemin à parcourir, le but à atteindre, leur ont donné mission de désigner le pilote responsable.

Délibérer est le fait de plusieurs, agir est le fait d'un seul.

Le pilote est choisi.

Qui êtes-vous, vous qui appelez libéral le pilote, préoccupé désormais de plaire aux délégués, le pilote, qui, désireux d'être choisi par eux encore une fois pour le prochain voyage, les laisse manier, chacun à sa guise, tel ou tel cordage qu'il a plaisir à déplacer, donner les ordres les uns à droite, les autres à gauche, gouverner, faire de l'autorité?

Agir est le fait d'un seul.

Dussiez-vous le flétrir mille fois du nom d'autoritaire, le seul pilote qui vous conduira à bon port et vous fera parcourir le plus sûrement et le plus rapidement la traversée désignée est celui qui, ses *ordres reçus*, tout entier à sa responsabilité, ne verra plus que le but à atteindre et le salut du peuple qui lui est confié. Au jour marqué par vos instructions, vous aurez tout loisir pour le traiter comme il aura mérité.

Allez donc déranger cet homme-là dans sa manœuvre, qui que vous soyez, aller déplacer ses cordages ou toucher à son gouvernail, vous apprendrez à vos dépens combien devient indomptable et impérieux l'homme dominé par la grandeur de son œuvre, ce même homme *si docile et si obéissant, l'œuvre accomplie.*

Le voyez-vous, tant qu'il dirige, nuit et jour sur le qui-vive, les yeux à l'horizon, l'esprit inquiet, écoutant l'orage et se méfiant des vents ennemis, il est là, à son banc, corps et âme; c'est que la mer est grande, féconde en périls de toutes sortes, et lui périrait plutôt que de manquer à sa consigne :

NE QUID DETRIMENTI RESPUBLICA CAPIAT

PARIS — IMPRIMERIE SCHILLER

10 ET 11, RUE DU FAUBOURG-MONTMARTRE

www.ingramcontent.com/pod-product-compliance
Lightning Source LLC
Chambersburg PA
CBHW061136050726
47594CB00005B/2242